MANUAL PRÁTICO DO CONSELHEIRO CRISTÃO

ACONSELHAMENTO PRÁTICO
COM A AJUDA DO ESPÍRITO SANTO

MANUAL PRÁTICO DO CONSELHEIRO CRISTÃO

SARAH HAYASHI

quatro ventos

quatro ventos

Editora Quatro Ventos
Rua Liberato Carvalho Leite, 86
(11) 3230-2378
(11) 3746-9700

Diretor executivo: Renan Menezes
Editora-chefe: Sarah Lucchini
Equipe Editorial:
Paula de Luna
Rafaela Beatriz Santos
Revisão: Eliane Viza B. Barreto
Diagramação: Vivian de Luna
Capa: Vinícius Lira

Todos os direitos deste livro são reservados pela Editora Quatro Ventos.

Proibida a reprodução por quaisquer meios, salvo em breves citações, com indicação da fonte.

Todas as citações bíblicas e de terceiros foram adaptadas segundo o Acordo Ortográfico da Língua Portuguesa, assinado em 1990, em vigor desde janeiro de 2009.

Todo o conteúdo aqui publicado é de inteira responsabilidade do autor.

Todas as citações bíblicas foram extraídas da Almeida Revista e Corrigida, salvo indicação em contrário.

Citações extraídas do *site https://www.bibliaonline.com.br/arc*. Acesso em outubro de 2020.

1ª Edição: Novembro 2020

Ficha catalográfica elaborada por Aline Graziele Benitez – CRB-1/3129

Hayashi, Sarah

Manual prático do conselheiro cristão / Sarah Hayashi. - 1. ed. - São Paulo : Editora 4 ventos, 2020.
120 p.

ISBN: 978-65-86261-74-5

1. Aconselhamento - Ensino bíblico 2. Cristianismo 3. Escrituras cristãs 4. Jesus Cristo 5. Vida cristã I. Título.

CDD-248.8
20-46880

SUMÁRIO

Apresentação **7**

Introdução **11**

1 Integração da Teologia cristã e a Psicologia . **19**

2 Por que aconselhar? **29**

3 O propósito do aconselhamento **35**

4 O que um conselheiro não deve ser **49**

5 Bom senso no aconselhamento **61**

6 Confrontar o aconselhado como Jesus **69**

7 Assuntos mais comuns
no aconselhamento **77**

8 Conselhos que devem ser passados de
geração a geração **105**

Bibliografia **113**

APRESENTAÇÃO

A intenção deste manual é ajudar, de maneira prática, os líderes que são procurados por várias pessoas com diversos problemas.

Não é um livro exaustivo, já que nele apresentarei alguns pontos que podem auxiliar líderes no aconselhamento não de cunho psicológico-terapêutico, mas realmente como um apoio de compaixão e amor, que direcione os necessitados ao nosso Senhor Deus e Sua Palavra.

Podemos confiar na operação do Espírito Santo se verdadeiramente amarmos os aconselhados com o amor de Deus. Dessa forma, vidas serão curadas na alma e no corpo, e fortalecidas no espírito. Afinal, esse deve ser o resultado esperado nos aconselhados.

INTRODUÇÃO

INTRODUÇÃO

Tenho sido pastora por muitos anos, e é surpreendente como o número de pessoas pedindo aconselhamento tem crescido. Por um lado, é bom que procurem pastores, mas estes precisam estar mais preparados para distinguir se o problema se resolve com orientação mais espiritual, cura interior, libertação espiritual ou se a ovelha necessita de um psicólogo profissional, em casos mais extremos e complexos.

Em compensação, é bem verdade que muitos cristãos estão com "preguiça" espiritual, não se alimentando da Palavra de Deus diariamente, não passando tempo com Deus em adoração ou em diálogo, e quando chega a crise, correm para alguém para pedir um milagre imediato. Não é errado ajudarmos uns aos outros; mas melhor seria se essa busca por ajuda acontecesse após tentativas a sós com Deus.

Alguns outros cristãos recorrem imediatamente a psicólogos, esperando soluções instantâneas que talvez não requeiram seu esforço ou sua participação. É mais fácil deixar os outros resolverem seus dilemas, mas somente essa assistência não desenvolve responsabilidade e maturidade num indivíduo. É necessário que o aconselhado seja induzido e instigado ao crescimento emocional, intelectual e espiritual.

Teologia e Psicologia devem estar bem integradas, a fim de oferecer ajuda equilibrada aos que sofrem de várias maneiras, especialmente por desorientação, falta de apoio e solidão.

Uma coisa posso perceber nestes tempos pós-modernos: as amizades são bem raras se comparadas com minha época de juventude, quando ela era muito valorizada, tendo, inclusive, níveis de comprometimento. Amigas eram diferentes de amigas íntimas. A ordem era: conhecida, colega, amiga e amiga íntima. O conceito de amigos mudou muito nesta época pós-moderna, devido às mídias sociais. As pessoas se importam muito com o número de seguidores e a frequência de exposições, mas... Onde está um amigo ou uma amiga de verdade?

Por mais que a tecnologia tenha ligado pessoas dos quatro cantos do mundo, a solidão tem se acentuado por causa da impessoalidade. As pessoas estão conectadas pelas mídias sociais e todos podem saber de tudo da vida de qualquer pessoa e até da vida íntima e suas particularidades. Já não há tanto escrúpulo ou privacidade em níveis de intimidade. Os problemas de relacionamentos pessoais, ou impessoais, têm se avolumado, e a angústia da impessoalidade ou da solidão tem invadido lares, escolas, igrejas e lugares de trabalhos.

As igrejas locais, especialmente as menores, parecem oferecer mais aconchego, o que é um bom sinal para a sociedade, porém as comunidades devem estar mais preparadas para acolher uns aos outros com respeito e conhecer os limites de cada pessoa.

A Igreja de Jesus Cristo não pode ser um lugar simbiótico, onde os limites são invadidos por meio do controle e os relacionamentos extremos e disfuncionais, correndo o risco do desrespeito, manipulação, maledicência e todos os tipos de atitudes não cristãs.

Temos uma bênção muito grande de termos Jesus Cristo, nosso paradigma.

Com certeza, em todas as situações, encontraremos respostas na Bíblia. O conselheiro deve estar totalmente mergulhado nos princípios bíblicos se deseja ser um instrumento nas mãos de Deus e trazer pessoas para perto d'Ele, nosso Criador e Pai; entretanto, quanto mais conhecimento da estrutura do ser humano e seu cérebro, quanto mais conhecimento a respeito de todas as áreas da vida, melhor ajuda pode-se oferecer.

Portanto, neste manual, apresentaremos algumas ferramentas práticas que podem auxiliar melhor na aplicação das Escrituras Sagradas e, consequentemente, na formação de indivíduos no corpo, na alma e no espírito, que se manifestarão como filhos maduros para salvar a criatura da corrupção (cf. Romanos 8.19).

Capítulo 1

INTEGRAÇÃO DA TEOLOGIA CRISTÃ E A PSICOLOGIA

Nem todo pastor de igreja tem o estudo da Psicologia, mas o seu papel é aconselhar as suas ovelhas, especialmente quando elas o procuram em momentos de crise e aflições. Jesus Cristo é o nosso paradigma de profeta, sacerdote, apóstolo, mestre e pastor. Ele é o Médico dos médicos para todo tipo de problema. Em termos modernos, Ele seria o psicólogo e psiquiatra exemplar. A essência de Jesus Cristo é o amor. Ele é a expressão do Pai e é o Verbo que se fez humano por amor.

O amor de Deus é a base de todo relacionamento humano, especialmente entre pastor e ovelhas. Pode um pastor não ter muito conhecimento de psicologia e outras áreas afins, mas as revelações de Deus pelo Espírito Santo ultrapassam qualquer ciência.

Se um pastor ou um conselheiro tiverem as bases bíblicas e profundo amor pelo aconselhado, Deus operará muitas maravilhas. Para tudo encontramos respostas na Bíblia, através de revelações. Não há nenhum problema que Deus não possa resolver.

Até hoje, após mais de quarenta anos no ministério, nunca vi Deus falhar. Pode parecer que Ele esteja longe, mas o Senhor jamais abandona um filho Seu. O importante é que o pastor ou o conselheiro busque respostas advindas do Espírito Santo, sempre com base bíblica. Quanto mais ferramentas ele tiver, mais as verdades da Bíblia se tornarão abrangentes, maximizadas e poderosas. O amor e a Bíblia farão milagres!

Lembremos que tudo o que existe na Terra foi criado por Deus. O homem, com todo o seu cérebro complexo, foi criado por Ele. O cérebro consiste em inúmeras partes e comanda todo o funcionamento do ser humano. Por isso, ele também necessita de atenção, da mesma maneira que nosso espírito.

A Psicologia é uma ciência nova, reconhecida como tal somente no século XIX. Ela se relaciona com a Filosofia, Linguística e, atualmente está muito ligada à Neurociência. O estudo do cérebro tem se intensificado neste século XXI.

O ser humano é muito complexo no seu comportamento, pensamentos, vontades, emoções, imaginações, reações e consciência. E que falar, então, de sua inconsciência?

Deus fez todas essas minuciosas, complexas e até microscópicas partes do corpo humano; o cérebro comanda todos os movimentos e funcionamento do corpo físico, mental e até, em parte, espiritual.

O homem, quando tem seu espírito cheio do Espírito Santo, tem mais probabilidade de fazer escolhas certas e tomar decisões com a sabedoria dos altos:

> Mas a sabedoria que vem do alto é, primeiramente, pura, depois pacífica, moderada, tratável, cheia de misericórdia e de bons frutos, sem parcialidade e sem hipocrisia. (Tiago 3.17)

Nenhum líder, pastor, conselheiro ou psicólogo pode discernir as coisas espirituais se não for pelo entendimento espiritual, com as revelações do Espírito Santo. Um psicólogo cheio do Espírito Santo tem mais habilidade de penetrar no profundo do ser humano, porque saberá discernir o âmbito da alma e do espírito. Ele poderá discernir a origem e o desenvolvimento dos problemas e poderá melhor auxiliá-lo nos momentos de crises, de dificuldades, de indecisões e de confusão.

O conselheiro poderá melhor ajudar um indivíduo se tiver mais conhecimentos gerais: Teologia, Filosofia, Psicologia, Pedagogia, Antropologia, Sociologia, Medicina, Nutricionismo, Fisioterapia, Artes, Ciências Contábeis e outras áreas que se relacionam com o ser humano. A Bíblia é a base de todo tipo de conhecimento, pois tudo que existe foi criado por nosso Deus Criador. Os problemas foram criados pelo diabo no jardim do Éden, corrompendo o homem no espírito, na alma e no corpo, e o próprio planeta Terra.

Lembremos que Jesus Cristo Se manifestou para destruir as obras do diabo (1 João 3.8). Todos os problemas são obras do diabo. Por isso, mesmo que o conselheiro não tenha todo o conhecimento mencionado acima, se tiver conhecimento de Deus e Sua Palavra, e uma vida de intimidade com Ele, pode ser um instrumento de cura e libertação para muitas pessoas. É claro que um bom servo do Senhor recebe as palavras que o apóstolo Paulo entregou a Timóteo:

> Procura apresentar-te a Deus aprovado, como obreiro que não tem de que se envergonhar, que maneja bem a palavra da verdade. (2 Timóteo 2.15)

Podemos não saber muito das ciências, mas as revelações da Palavra pelo Espírito

Santo penetram no profundo da pessoa e operam transformação:

> Porque a palavra de Deus é viva, e eficaz, e mais penetrante do que qualquer espada de dois gumes, e penetra até à divisão da alma e do espírito, e das juntas e medulas, e é apta para discernir os pensamentos e intenções do coração. (Hebreus 4.12)

Há casos psicológicos sérios que devemos passar para um especialista, seja um psicólogo ou psiquiatra, mas isso deve ser muito direcionado por Deus. Nesse contexto, o conselheiro deve ser cuidadoso, consciencioso e sábio para fazer a transição, após muita oração.

Capítulo 2

POR QUE ACONSELHAR?

As pessoas procuram um conselheiro porque estão passando por alguma necessidade ou sofrimento. Enquanto vivemos na Terra, teremos tribulações e aflições, como Jesus Cristo nos avisara (João 16.33). Nós somos seres sociais e não conseguimos ficar sozinhos por muito tempo. Todos gostam de estar com pessoas; mas onde há pessoas, há problemas.

Jesus Cristo é o maior e melhor exemplo para todo o homem, em qualquer estágio de vida, em qualquer cultura, área de atuação e lugar que estiver no mundo. Ele é a fonte de toda a explicação e o sentido de viver.

Cristo foi enviado ao mundo para expressar o nosso Criador, nosso Deus e Pai:

> Porque um menino nos nasceu, um filho se nos deu; e o principado está sobre seus ombros; e seu nome será Maravilhoso Conselheiro, Deus Forte, Pai da Eternidade, Príncipe da Paz. Do

> incremento deste principado e da paz, não haverá fim, sobre o trono de Davi e no seu reino, para o firmar e o fortificar em juízo e em justiça, desde agora e para sempre; o zelo do Senhor dos Exércitos fará isto. (Isaías 9.6-7)

Quando passamos por tribulações, em geral nos sentimos injustiçados. Há dentro de nós uma sede por justiça, ainda que a nossa "balança" seja relativa, e não absoluta. Isso significa que o instinto de sobrevivência que nos leva a buscar justiça é intrínseco ao homem. Todos nós queremos ser compreendidos e amados. E muito disso acaba acontecendo por meio do aconselhamento, ainda que seja confrontador.

O aconselhamento faz parte de qualquer pessoa que cuida de pessoas: pai, mãe, professor, pastor, chefe, amigo etc.

Aconselhar é diferente de ensinar, orientar, dar instruções ou informar; porém, pode incluir um pouco de tudo isso.

Nosso estilo de aconselhamento deve ser o de Jesus Cristo, que, com compaixão e sensibilidade, ajudava as pessoas e as aceitava como eram, mas sempre com franqueza e verdade, direcionando-as para mudanças, oferecendo esperança, paz e segurança. Jesus valorizava e respeitava cada indivíduo.

O aconselhamento de Jesus Cristo envolvia todas as questões a respeito de Deus, de relacionamentos pessoais, assuntos de sexualidade, emoções, sentimentos, enfermidades, do futuro e de tudo o que se referia à criação e seu Criador, com base nos princípios divinos.

O amor perfeito de Deus respeita muito qualquer indivíduo. Deus não nega a Si mesmo. Se Ele nos deu o livre-arbítrio, obviamente Ele não invade nossos limites. Nos Seus contatos com as pessoas, houve momentos em que Jesus Cristo incluiu ensinamentos, confrontos, mudança de mentalidade, mas sempre na medida certa.

Assim, os aconselhamentos devem ter como base principal a atitude de Jesus Cristo. Todas as técnicas de abordagem psicológica devem passar pelo escrutínio da Palavra de Deus, isto é, a Bíblia, que deve ser sempre a autoridade final.

Capítulo 3

O PROPÓSITO DO ACONSELHAMENTO

AJUDAR O ACONSELHADO A TER UMA VIDA ABUNDANTE

Nosso papel como conselheiro é apontar a Jesus Cristo. Não somos o referencial. Somos tão fracos e imperfeitos como qualquer um, mas podemos ajudar pessoas que nos procuram para receber apoio, socorro e orientação. A melhor coisa é apontar para Jesus Cristo e conectá-las com Ele.

Há maneiras, ritmos e etapas diversos. O papel do conselheiro é triplo: ele precisa pessoalmente estar bem conectado com Deus; perceber o coração de Deus; e ter a sensibilidade para enxergar o mover do Espírito Santo com relação ao aconselhado.

A vida abundante é medida pela sensibilidade espiritual, que se obtém em horas de intimidade e comunhão com

Deus, como o próprio Senhor Jesus quando percebia que a multidão Lhe consumia as energias. Como Filho do homem, Ele precisava ser renovado para atender mais enfermos e sofridos:

> Porém a sua fama se propagava ainda mais, e ajuntava-se muita gente para o ouvir e para ser por ele curada das suas enfermidades. Porém ele retirava-se para os desertos e ali orava.
> (Lucas 5.15-16)

Quanto mais nós, seres humanos, necessitamos estar bem supridos com essa vida abundante resultante da intimidade com Deus Pai, a fim de dirigir o aconselhado para o nosso Senhor Jesus Cristo, que veio nos trazer vida e vida em abundância. Ele disse:

O ladrão não vem senão a roubar, a matar e a destruir; eu vim para que tenham vida, e a tenham com abundância. (João 10.10)

Problemas todos temos. Jesus mesmo disse: "[...] no mundo tereis aflições, mas tende bom ânimo; eu venci o mundo" (João 16.33). A questão é como vamos administrar os problemas.

A tarefa do conselheiro é ser um canal por onde passa alívio, esperança e novas perspectivas, isto é, a vida abundante que Jesus sempre oferece aos cansados e aos oprimidos (Mateus 11.29-30).

AJUDAR O ACONSELHADO A TER RESPONSABILIDADES

Os aconselhados vêm buscar conforto, e é certo que sejamos o seu ombro para que ele possa chorar e se aliviar. Mais do que confortar, é importante que os ajudemos a tomar responsabilidades e sair da perspectiva de vítimas. Culpar pessoas, ambientes, o DNA dos antepassados e todos os tipos de vilões não resolve.

Nossa tarefa como conselheiros é ajudá-los a ter a habilidade de sair debaixo desse domínio de Satanás. Nosso Inimigo usa pessoas e a nossa própria mente para oprimir, pressionar, ofender e machucar. Bem que Jesus Cristo falou do que é próprio do diabo: roubar, destruir e matar.

Por outro lado, vale lembrar que a maturidade vem passo a passo, cada vez que superamos a dor da ofensa, da rejeição, do desprezo e de ser ignorado.

Espera-se do conselheiro que saiba ajudar o aconselhado a levantar os olhos e olhar para Deus, que jamais nos rejeita e que jamais vai parar de nos amar.

Uma pessoa sofrida procura, muitas vezes, um ombro para chorar, e até podemos, como mencionei, ser esse ombro, mas precisamos cuidar para não sermos "ombros eternos". Cuidemos para não tomarmos o lugar de Deus na vida das pessoas que nos procuram. Somente Ele traz consolo eterno. Precisamos comunicar essa verdade; e assim o aconselhado sairá mais maduro para se erguer. Cada um de nós é responsável pela própria maturidade.

Existem etapas e maneiras para lidarmos com cada aconselhado. O amor de Deus nos guiará. Nossa parte é dependermos totalmente do Espírito Santo e da Palavra de Deus. A Bíblia deve ser sempre a nossa fonte de respostas e de exemplos.

DIRECIONAR O ACONSELHADO A TER UMA VIDA PESSOAL COM DEUS

Nosso trabalho como conselheiros será incompleto se não apontarmos para o Deus Triúno. O alvo do aconselhamento deve ser: instigar o aconselhado a conhecer e amar a Deus acima de tudo, a perdoar os ofensores e amar a si mesmo.

Como conselheiros, não podemos ser substitutos de Deus. Não devemos aceitar ser colocados no lugar de Deus, como às vezes tenho visto líderes de igrejas fazerem. Tudo vai passar nesta vida, mas no Dia Final seremos julgados na balança do amor:

> E Jesus disse-lhe: Amarás o Senhor, teu Deus, de todo o teu coração, e de toda a tua alma, e de todo o teu pensamento. Este é o primeiro e

grande mandamento. E o segundo, semelhante a este, é: Amarás o teu próximo como a ti mesmo. Desses dois mandamentos dependem toda a lei e os profetas. (Mateus 22.37-40)

DIRECIONAR O ACONSELHADO A CONHECER O AMOR DE DEUS SE NÃO FOR CRISTÃO AINDA

Pode acontecer que, ao procurar ajuda, tenhamos a oportunidade de conduzir um não cristão a ter um encontro pessoal com Deus e se tornar Seu filho. É importante saber se mover com o Espírito Santo e também saber como conduzir qualquer pessoa ao novo nascimento. O conselheiro deve estar pronto para ser um canal do amor de Deus para qualquer pessoa, independentemente se ela for cristã ou não.

CONTRIBUIR PARA O AMADURECIMENTO EMOCIONAL DO ACONSELHADO

Devido ao avanço da tecnologia, as pessoas estão cada vez mais distantes umas das outras no aspecto geográfico e social. A comunicação é mais eletrônica do que pessoal. Há falta de convívio e calor humano. Os meios de comunicação da atualidade têm roubado o valor da sociabilidade e muitas pessoas estão sofrendo de solidão, o que tem causado imaturidade emocional. Uma pessoa pode ser atual e adestrada na tecnologia, mas ainda assim ser imatura emocionalmente. Como podemos perceber essa deficiência? Nas horas de pressões e crises.

A maioria das pessoas desta geração pós-moderna foi criada e cresceu no conforto e praticidade. De um lado, é muito bom, mas o prejuízo tem se refletido na imaturidade emocional. Muitos têm dificuldade de enfrentar opiniões contrárias e modo de pensar diferente; pior ainda quando se deparam com desafios e crises de várias categorias.

O egocentrismo é uma das fortes marcas da geração do século XXI, por isso, se pudermos orientar o aconselhado nas suas reações em momentos adversos, contribuiremos não só com o bem-estar da pessoa, mas também de sua família e, por consequência, da sociedade.

O QUE FAZER QUANDO VEMOS A NECESSIDADE DE OFERECER AJUDA COM ALGUMAS PALAVRAS, MAS A PESSOA NÃO ACEITA?

Como já mencionamos, muitos desta geração nem procuram ajuda por se julgarem autossuficientes. O que fazer quando percebemos que beiram perigo ou fracassos?

Devemos interceder por essa geração. Lembremos que as pessoas autossuficientes aprenderão a lição somente quando caírem e fracassarem.

Nossa parte é ter misericórdia, interceder e sempre estar prontos a socorrer os corações que desejam ajuda. Jesus Cristo jamais perdeu tempo com os fariseus, porém estava sempre pronto para quem O procurasse.

Capítulo 4

O QUE UM CONSELHEIRO NÃO DEVE SER

O CONSELHEIRO NÃO É O TODO-PODEROSO QUE VAI RESOLVER TODOS OS PROBLEMAS

Mesmo que alguns aconselhados se aproximem com a tendência de depender de nós, nossa tarefa é ter cuidado para que isso não aconteça.

Às vezes, encontramos pessoas que têm a inclinação de se envaidecer, especialmente quando valorizados e procurados amiúde. A carne é fraca, como disse Jesus Cristo. Tenho visto isso acontecer. Esse tipo de conselheiro, com certeza, tem de ser trabalhado em sua autoestima e resolver a sua própria insegurança oriunda de rejeição. Por vezes, podem até ser agressivos e acabam cobrando uma prestação de contas, em vez de deixar o aconselhado livre até para não os procurar mais.

Quanto mais resolvido e maduro for o conselheiro, mais capacidade terá de aconselhar eficazmente. A humildade é um dos sinais de maturidade.

O CONSELHEIRO NÃO É DONO DA VIDA DO ACONSELHADO

Alguém mal resolvido, com carências emocionais, mesmo inconscientemente pode se satisfazer ao se ver útil ou procurado. Esse tipo de pessoa se vale das necessidades e sofrimentos alheios como um meio de "tapar buracos" de sua própria vida e, mesmo de maneira inconsciente, pode se apoderar do aconselhado, fazendo-se indispensável para as soluções dos problemas dele. Assim, pouco a pouco, acaba colocando-se na posição de dono do aconselhado.

O CONSELHEIRO NÃO É O PARADIGMA A SER SEGUIDO

Já presenciei vezes em que o conselheiro transferia suas situações para a vida do aconselhado e passava a relatar suas próprias experiências. Às vezes, isso dá certo, mas é melhor sempre encontrar um exemplo da Bíblia. Em primeiro lugar, porque não somos referência, por mais que sejamos exemplos. Em segundo lugar, a Palavra de Deus jamais volta vazia. É seguro indicar exemplos bíblicos e deixar o próprio Espírito Santo operar a transformação da alma. Podemos detectar as causas e ajudá-lo até para explicar a atual conjectura, mas nossa tarefa é sempre apontar para Jesus

Cristo, o vencedor que conquistou a vitória na cruz do Calvário.

O CONSELHEIRO NÃO É O JUIZ PARA DAR O VEREDICTO FINAL

É sempre melhor conduzir o aconselhado a tirar as suas próprias conclusões. O conselheiro deve fazer o papel de orientador, ajudando-o a raciocinar e a concluir. O problema é quando o conselheiro conclui a sessão num clima de condenação, gerando um sentimento de culpa, incapacidade, inferioridade e desânimo no aconselhado. No mínimo, nossa parte, como conselheiros, é oferecer esperança, coragem e um sentimento de que o caso dele não é horrível e impossível.

O CONSELHEIRO NÃO É UM ETERNO "PORTO-SEGURO" PARA O ACONSELHADO

Embora as pessoas sofridas necessitem de um conselheiro em quem possam confiar, é muito necessário lembrar que a nossa responsabilidade vai além disso. Temos de oferecer confiança, segurança e consolo no aconselhamento, a fim de criar um clima seguro para o aconselhado rasgar o seu coração, mas não devemos tomar o lugar de Deus e permitir que o aconselhado venha se ancorar para sempre em nós.

O CONSELHEIRO NÃO É UM "AMIGUINHO" QUE O ACONSELHADO ACABA DE ACHAR

Por mais que tenhamos empatia e amor pelo aconselhado, é importante delinear bem os limites. Nosso contato não deve ser simbiótico, mas acolhedor, deixando que Deus seja Deus. Somos, e devemos ser, instrumentos para trazer soluções vindas do coração de Deus e conectar o aconselhado a Ele, que é o único que preenche todo tipo de anseio ou o lugar de pai, mãe ou alguém importante que talvez tenha faltado.

O Espírito Santo pode usar o conselheiro para ocupar esse lugar de falta, mas ele precisa discernir bem o momento de cessar a interação, sem ultrapassar nem abreviar o contato que deve servir de cura para a alma do aconselhado.

O CONSELHEIRO NÃO DEVE SER MANIPULADOR

Um conselheiro maduro e bem resolvido não é manipulador. Os que agem assim são pessoas inseguras e mal resolvidas. Por isso, é recomendável que os conselheiros passem por uma revisão de suas vidas através de terapia com um psicólogo profissional e bem maduro. É apenas uma sugestão, mas sei que ajuda muito na autoanálise e na compreensão sobre o ser humano.

O CONSELHEIRO NÃO DEVE SER IMPACIENTE OU IRRITADO

Pode haver situações irritantes, seja por teimosia ou por falta de inteligência, mas o verdadeiro conselheiro não se irrita, pelo contrário, ele procura outras estratégias a fim de que o aconselhamento seja eficaz e haja um avanço na interação.

O CONSELHEIRO NÃO DEVE SE OFENDER

Um conselheiro maduro não se ofende em situações em que seus conselhos não foram acatados. Pode acontecer que não tenha havido compatibilidade entre o conselheiro e o aconselhado.

O conselheiro deve ser humilde em admitir que talvez não consiga lidar com certos casos ou com determinadas pessoas. Nesse cenário, é aconselhável passar o quadro para um colega, mas jamais fazendo o aconselhado se sentir um caso difícil demais ou sem solução. A humildade do conselheiro é de grande valor diante de Deus.

O CONSELHEIRO JAMAIS DEVE SER VINGATIVO

O verdadeiro conselheiro sabe que o seu papel é aconselhar, independentemente se é aceito ou não. Deve ser flexível para conquistar a confiança e a segurança da parte do aconselhado e lembrar que somos apenas um instrumento nas mãos de Deus para ajudar e amar as pessoas, principalmente os necessitados. O verdadeiro amor não força a situação e não guarda rancor nem vingança.

Capítulo 5

BOM SENSO NO ACONSELHAMENTO

TER UM LUGAR ADEQUADO PARA ATENDIMENTO

É bom haver um lugar para atender: consultório, sala pastoral, e não em sua casa. Na realidade, é importante, e revela bom senso, ter um lugar apropriado, que possibilite privacidade e conforto, mas que, ao mesmo tempo, seja seguro para fugir da aparência do mal: "Abstende-vos de toda aparência do mal" (1 Tessalonicenses 5.22).

TER UM AMBIENTE DE TRANQUILIDADE

O lugar não deve ter barulho ou coisas que tragam distrações. O conselheiro deve estar bem emocionalmente e espiritualmente, aquietando o seu próprio coração diante de Deus. O clima de paz propicia um tempo de qualidade.

OFERECER TOTAL ATENÇÃO AO ACONSELHADO

É bom desligar o celular e pedir ao aconselhado que faça o mesmo. O conselheiro tem de manter dupla atenção: ao Espírito Santo e ao aconselhado. Quanto mais o conselheiro tiver o hábito de ter comunhão com o Espírito Santo, mais poderá suprir a necessidade do aconselhado e oferecer-lhe o que ele mais necessita: firmeza ou compaixão.

SABER ESCUTAR SEM INTERRUPÇÕES

É imprescindível saber escutar, dando tempo necessário para o aconselhado falar.

Se perceber que ele está com dificuldade de abrir seu coração, é bom fazer perguntas que encorajem o fluir da conversa. Quando perceber que o aconselhado se perdeu em devaneios e confusão mental, será preciso interferir e ajudar.

NÃO OLHAR O RELÓGIO

Não fique olhando no seu relógio. Coloque-o em algum lugar discreto para poder controlar o tempo marcado.

NÃO SE DESESPERAR QUANDO O ACONSELHADO CHORA

Quando o aconselhado chora, não é preciso se desesperar. Por mais que o assunto seja de grande sofrimento, o conselheiro deve manter a calma para o consolar.

NÃO DEMONSTRAR SUSTO OU CHOQUE

É importante não demonstrar susto ou choque quando o aconselhado disser algo chocante ou assustador. Seu papel é encarar os desabafos com calma e demonstrar a sua segurança, ao mesmo tempo que lhe inspira profunda empatia ou compaixão.

NÃO FALAR DO QUE FICOU SABENDO POR OUTRAS FONTES

Jamais fale do que já ouviu sobre o aconselhado através de alguma outra pessoa. Devemos ouvi-lo como se estivéssemos escutando o caso pela primeira vez. Também não se deve trair a confiança da pessoa que lhe segredou os fatos.

SER IMPARCIAL

Deve-se ser imparcial quando mais pessoas estão envolvidas. Nossa parte como conselheiros é minimizar ou resolver problemas com justiça e ajudar o aconselhado a concluir por si o que é justo. Há vezes que o aconselhado deve perdoar o ofensor a fim de sentir-se aliviado.

PROCURAR SABER A ORIGEM DO PROBLEMA OU DO SOFRIMENTO

Quando é detectada a raiz do problema, torna-se mais fácil descobrir as estratégias para soluções.

ACONSELHAMENTO COM TAREFAS

É bom pedir uma tarefa de casa e fazer o acompanhamento até os aconselhamentos terem um término ou pausa.

Capítulo 6

CONFRONTAR O ACONSELHADO COMO JESUS

Neste capítulo, vamos verificar a atitude de Jesus Cristo, que sempre lidava com o coração, com sentimentos e pensamentos. Ele jamais julgou as pessoas pela aparência ou teve qualquer tipo de preconceito. Muito pelo contrário, o Seu amor penetrava no profundo dos seres humanos e discernia os pensamentos e os intentos dos corações.

Mencionaremos alguns acontecimentos do Seu ministério aqui na Terra, enquanto Filho do Homem ou Filho de Davi, como era chamado muitas vezes:

AGIA COM COMPAIXÃO

Compaixão pelos sofridos foi uma tônica forte na vida de Cristo aqui na Terra. Ele era humano e conhecia as necessidades e sofrimentos do homem. Nos relatos de Sua vida, presente nos evangelhos de Mateus,

Marcos e Lucas, há catorze menções de que Jesus atendia a multidão com compaixão, muitas vezes, acometida de enfermidades, fome ou opressão do diabo.

Hoje, Jesus Cristo espera que tenhamos compaixão dos sofridos e façamos as obras que Ele fazia enquanto esteve aqui. Como Ele, temos de estar no meio das pessoas e fazer os milagres que demonstram o Seu amor.

DESEJAVA HONRAR AS PESSOAS EM OCASIÕES IMPORTANTES DE SUAS VIDAS

Jesus sabia muito bem a hora de agir; como aconteceu num casamento a que fora convidado e que o vinho tinha se acabado na festa. Jesus veio para destruir a vergonha e, mesmo antes de Sua morte na cruz, operava em favor dos necessitados.

Se tivermos um coração de honra como Jesus Cristo, faremos milagres para ajudar pessoas em necessidades.

SACIOU A FOME DA MULTIDÃO COM O CORAÇÃO COMPREENSIVO

Assim como Jesus viu a necessidade da multidão, Ele espera que nós também ajudemos as pessoas não apenas com palavras, mas também com ações. O verdadeiro amor produz frutos, e foi assim que Cristo ensinou Seus discípulos a terem um coração compreensivo.

JESUS NÃO TEMIA FALAR A VERDADE

Jesus Cristo sempre falava a verdade, mas nunca com a intenção de ofender ou diminuir uma pessoa, como foi no caso de Seu encontro com a Mulher Samaritana junto ao poço. A verdade libertou aquela mulher, que trouxe a cidade toda para Jesus (João 4).

JESUS NÃO ACUSOU PEDRO POR TÊ-LO NEGADO TRÊS VEZES

Depois de Sua ressurreição, Jesus encontrou-Se com Pedro e, em vez de envergonhar a quem tinha se envergonhado d'Ele, levou-o a se aprofundar no entendimento sobre o que era amar de verdade.

Poderíamos mencionar muitos casos de Jesus e encontrar n'Ele exemplos de Seu tratamento para com as pessoas. Aprendemos com Ele a lidar com todos os tipos de indivíduos em particular, sem generalizar e sem ter preconceitos.

Apenas esses poucos exemplos da atitude sincera, corajosa, amorosa e encorajadora de Jesus ao abordar as pessoas levam-nos a sentir necessidade de sermos como Ele.

Podemos não ter respostas absolutas para os aconselhados, mas o amor de Deus através de nós e o mover do Espírito Santo podem completar nossos aconselhamentos imperfeitos.

Por incrível que pareça, encontraremos respostas para todas as situações que nos depararmos nos aconselhamentos. Como? Aprendendo a extrair os princípios de Deus em cada caso. Casos são casos, e tão diferentes uns dos outros, mas se aprendermos o coração e a mente de Deus através da Bíblia, teremos a unção de Jesus, cujo nome foi Conselheiro (entre outros, como está escrito em Isaías 9.6).

Capítulo 7

ASSUNTOS MAIS COMUNS NO ACONSELHAMENTO

Poderíamos agrupar os problemas em três categorias principais: enfermidades, finanças e relacionamentos.

ENFERMIDADES

Devido ao pecado da desobediência de nossos ancestrais Adão e Eva, toda a humanidade sofre as consequências, pois somos fruto da sua semente.

Enfermidades não existiam no plano original de Deus. Contudo, com a Queda e o pecado, não somente o homem ficou doente, mas também a Terra toda, que está gemendo até a manifestação dos filhos maduros de Deus com o corpo glorificado, como lemos:

> A ardente expectativa da criação aguarda a revelação [manifestação] dos filhos de Deus.

> [...] Porque sabemos que toda criação, a um só tempo, geme e suporta até agora [...] igualmente gememos [...] aguardando [...] a redenção do nosso corpo. (Romanos 8.19-23 – ARA – acréscimo da autora)

Jesus Cristo Se revelou (manifestou) para destruir as obras do diabo: "Para isto se manifestou o Filho de Deus: para desfazer as obras do diabo" (1 João 3.8b). Quando Ele expulsa os demônios pelo dedo de Deus, automaticamente, traz o Reino de Deus: "Se, porém, eu expulso os demônios pelo dedo de Deus, certamente, é chegado o reino de Deus sobre vós" (Lucas 11.20 – ARA). Sabemos que não há enfermidade nenhuma no Reino de Deus, em razão disso devemos aconselhar e orar para que elas tenham um fim na vida dos aconselhados.

Em geral, as pessoas nos procuram para ajudá-las nas enfermidades emocionais ou psíquicas. Há certas enfermidades que são de origem psicossomática ou espiritual, e esperamos que os conselheiros cristãos sejam aptos a distinguir a diferença a fim de poderem curar ou libertar, e trazer saúde ao corpo, alma e espírito.

A Bíblia nos fala que Jesus Cristo curou todos os enfermos, como lemos ao longo dos evangelhos dezenas e dezenas de vezes. Ele expulsou os demônios e houve a cura, por exemplo, na passagem de Lucas 6: "[...] vieram para o ouvirem e serem curados de suas enfermidades; também os atormentados por espíritos imundos eram curados" (Lucas 6.18 – ARA).

Outros receberam a cura com o perdão dos pecados, como foi o caso de um paralítico, cujos quatro amigos tiraram os telhados de uma casa cheia de gente e desceram-no diante de Jesus:

> Vendo-lhes a fé, Jesus disse ao paralítico: Filho, os teus pecados estão perdoados. [...] Ora, para que saibais que o Filho do Homem tem sobre a terra autoridade para perdoar pecados – disse ao paralítico: Eu te mando: Levanta-te, toma o teu leito e vai para tua casa. Então, ele se levantou e, no mesmo instante, tomando o leito, retirou-se à vista de todos, a ponto de se admirarem todos e darem glória a Deus.
> (Marcos 2.5-12 – ARA)

Diante desses poucos exemplos mencionados aqui, podemos entender a necessidade de depender do Espírito Santo para discernir a causa da enfermidade ou do problema que os necessitados trarão a nós, conselheiros.

Vale mencionar que enfermidades podem ser, inclusive, a causa de conflitos ou desânimo nos lares ou nos relacionamentos, gerando uma série de aflições, até mesmo sobre as finanças, que é o tema que abordaremos a seguir.

FINANÇAS

Comecemos com uma pergunta: por que a área financeira aflige tanto as pessoas? Creio que a resposta está naquilo que Jesus disse sobre os dois senhores:

> Ninguém pode servir a dois senhores, porque ou há de odiar um e amar o outro ou se dedicará a um e desprezará ao outro. Não podeis servir a Deus e a Mamom. (Mateus 6.24)

Lembremos que Mamom é o diabo, o deus das riquezas materiais, e ele escraviza o homem. Desde o início da História da humanidade, ele engana o homem com a finalidade de ofender a Deus e estragar a criatura que Ele mais ama, uma vez que este é feito à Sua semelhança. Até hoje, Mamom defrauda o ser humano, fazendo-o acreditar na falsa segurança que as coisas materiais prometem.

Deus não tem rival, porque Ele é soberano, único e verdadeiro Senhor Deus, a quem devemos buscar em primeiro lugar e adorar exclusivamente. Muitos, inclusive cristãos, vivem debaixo da opressão de Satanás, preocupados e ansiosos se vão ter ou não a provisão necessária para a vida aqui na Terra. A ansiedade, insegurança e medo da falta são armas do Maligno e também a causa de muitos outros pecados: briga, competição, inveja, homicídio, roubo e toda lista de obras da carne mencionadas em Gálatas 5.19-21. Como Jesus disse, há somente dois senhores: Ele e Mamom. Infelizmente, Mamom tem causado tantos danos morais e espirituais naqueles que são dominados pelo apego ao dinheiro.

Não creio que as pessoas vêm pedir conselhos sobre finanças propriamente ditas; porém muitos precisarão de ajuda nas raízes do medo, ganância, complexos de inferioridade ou de superioridade, preguiça, egoísmo, superficialidade, materialismo etc., que acabam trazendo problemas financeiros. Diversas pessoas são atormentadas e refletem seus problemas na área financeira, pois vivem sem aspirações e sem dignidade.

Vamos mencionar apenas algumas raízes que provavelmente poderão ser tratadas no aconselhamento: insegurança por falta de identidade, traumas do passado, medo causado por abandono, brigas na família, extrema pobreza, perdas repentinas etc.

Muitos indivíduos, casais e famílias poderão ser ajudados nos aconselhamentos se forem abordados com o amor de Deus e a Sua Palavra, e através do poder do Espírito Santo. A fé vem pelo ouvir e o ouvir da Palavra. A fé em Deus traz soluções para todas as áreas de conflitos, inclusive problemas de finanças. Em uma série de casos, problemas emocionais e até psicológicos se refletem em finanças desequilibradas.

Como mencionei, creio que os conselheiros não serão procurados especificamente por necessidades financeiras, mas, ainda assim, poderão ajudar o aconselhado a resolver problemas do seu interior que se refletem nas finanças e que, por sua vez, causam outros problemas.

RELACIONAMENTOS

Creio que os problemas de relacionamentos são os mais comuns e conflitantes neste mundo. Somos todos imperfeitos e, ora causamos problemas, ora sofremos por causa de outras pessoas.

Relacionamentos começam na família, o primeiro círculo social. É no contexto da família de origem que todo ser humano aprende muitas coisas com relação ao outro.

Em meu livro *Construindo uma família feliz*[1], apresento algumas ferramentas para

---

[1] HAYASHI, Sarah. **Construindo uma família feliz**. São Paulo, 2018.

uma pessoa se conhecer e conhecer as pessoas com quem convive: teste de temperamento, tipo de família, tipos de mulher, tipos de mães, linguagem de amor — com as devidas referências aos autores.

No Sermão do Monte (Mateus 5, 6 e 7), Jesus aborda questões de relacionamentos de todos os tipos. Ele veio para nos resgatar de todas as formas de pecado e nos dar o acesso a Deus como nosso Pai, que define a identidade e a individualidade de cada filho e cada filha.

Se uma pessoa obedecer seriamente, viver o Sermão do Monte, com a ajuda do Espírito Santo, e se deixar ser transformada à semelhança de Cristo através da obra santificadora do Espírito Santo, muitos problemas serão resolvidos.

Os mandamentos de Deus, ordenados desde o Pentateuco, foram aprofundados por Jesus Cristo em Seu ministério de apenas três anos aqui na Terra. Enquanto na Dispensação da Lei, o povo de Deus seguia à risca as leis, na Dispensação da Graça, Jesus não só cumpriu toda a Lei, mas foi além dela, penetrando o profundo dos corações, discernindo pensamentos e intenções de cada um.

Jesus Cristo ensinou as pessoas a olharem o coração e as motivações. Se cada um pudesse ver o seu próximo como Ele, que ia ao fundo do coração, e com amor e firmeza trazia correções e direções, a maioria dos problemas de relacionamento seriam solucionados de maneira mais eficiente e efetiva.

O conselheiro cristão deve ter essa capacitação e autoridade que Jesus Cristo nos ensinou, e depender sempre do Espírito Santo.

Em caso de conflito familiar, pode-se usar da Psicologia Sistêmica, porém, para isso, precisaremos do consentimento e da boa vontade de cada membro da família. O processo de fazer com que a família entenda o benefício da Psicologia Sistêmica pode requerer certa habilidade do conselheiro, uma vez que ele precisaria reunir a família toda.

Já houve situação em que tive de lidar individualmente com cada membro da família e depois, com o desenrolar do aconselhamento, os familiares foram concordando em se reunir e resolver melhor os problemas em conjunto.

Problemas sociais da modernidade

Como lidar com os complicados problemas da sociedade atual deste século XXI? Estamos percebendo que são dias profetizados pelo profeta Ezequiel, e os conselheiros cheios do Espírito Santo serão instrumentos de Deus para ajudar muitos a discernir o certo e o errado: "A meu povo ensinarão a distinguir entre o santo e o profano e o farão discernir entre o imundo e o limpo" (Ezequiel 44.32 – ARA).

Troca de papéis na família

As definições dos papéis de marido e esposa, de pai e mãe, de filhos e pais, de avós e netos, e parentes em geral têm gerado confusão de responsabilidade e de autoridade, causando famílias disfuncionais, infelizes e perdidas. É preciso retornar a definir as funções de cada membro da família.

Nada como a Bíblia! Assim como Jesus, que venceu todas as tentações pela Palavra ("Está escrito" — Mateus 4.1-10), não precisamos convencer as pessoas, especialmente as que recusam as instruções e conselhos.

Se a Palavra de Deus é o lema de uma família, haverá menos atritos e discussões. As desavenças podem ser solucionadas através de oração, aplicação da Palavra e do mover do Espírito Santo.

Tal maturidade poderia ser o alvo de toda família: de deixar que o Espírito Santo opere, pois Ele é quem nos guia em toda verdade e nos convence do pecado, da justiça e do juízo (João 16.8-13).

Perda de valores humanos

Infelizmente, com todo o avanço da tecnologia, o convívio dos membros da família tem se diluído. A tecnologia é "uma faca de dois gumes". Tantos benefícios, mas também tantos malefícios. A nós cabe orientar famílias a desenvolverem o escrutínio à luz da Bíblia.

Muitos têm perdido os bons hábitos em muitas áreas da vida: boas maneiras, alimentação saudável e balanceada, higiene, uso apropriado do dinheiro, bom gerenciamento do tempo, respeito aos mais velhos, atos de caridade ou de gentileza, e assim por diante.

É comum vermos pessoas invadindo os limites alheios, falando em alta voz em público, pegando as coisas sem pedir permissão, empurrando sem pedir licença etc.; comportamentos que deveriam ter vindo de uma família educada nos bons modos. Podemos atribuir tais falhas à ausência de convívio harmonioso na família, em que pais e mães se descuidam de suas funções, esquecendo-se de cumprir seu papel de orientadores dos filhos com amor e firmeza.

Infância perdida

Se os pais não prestarem atenção, o tempo vai roubando a qualidade de seu convívio com os filhos. Há momentos preciosos em cada fase de crescimento das crianças e experiências que jamais voltarão. É sábio usufruir ao máximo da convivência com pessoas importantes na vida, muito mais com os filhos.

Hoje, podemos perceber como nossas crianças estão expostas a muitas coisas, talvez algumas nem sejam erradas, mas são informações precoces e desnecessárias para certas idades. Tais conhecimentos podem até roubar o acesso de outros conteúdos de grande valia e apropriados para o crescimento sadio delas.

Qual ou quais sonhos estão moldando o caráter das crianças? O que os pais estão oferecendo de bom a elas? Quais são os valores da família? O futuro delas será de ótima aspiração? Seria bom observar essas questões.

Os conselheiros cristãos podem ser usados pelo Senhor para, junto com os pais, descobrirem o destino que Deus Criador traçou para a família e para cada um dos filhos, que são a herança d'Ele.

Ideologia de gêneros

Como a própria frase diz, é apenas uma ideologia, e não uma realidade. A Bíblia é muito clara em apresentar as distorções da sexualidade como pecados que desagradam muito a Deus. Vamos apresentar aqui as passagens bíblicas que o conselheiro precisa para estar bem informado. A parte do conselheiro é indicar as verdades bíblicas e informar. É o Espírito Santo que nos convence do pecado, da justiça e do juízo, e que nos guia em toda a verdade (João 16.8-13):

- Gênesis 6.1-7: Desde a época de Noé, quando Deus destruiu os homens com o dilúvio por causa de uma série de pecados, inclusive a perversão sexual.

- Gênesis 19: Época de Abraão, quando

Deus destruiu Sodoma e Gomorra com fogo.

- Romanos 1.21-32: Deus se entristece porque os homens e as mulheres mudaram os costumes naturais.

- 2 Timóteo 3.1-4: Paulo avisa a Timóteo sobre a imoralidade sexual nos últimos tempos.

O conselheiro poderá orar e ministrar libertação, cura interior ou indicar alguém que o faça, conforme o Espírito Santo o conduzir.

Divórcio e recasamento

As pessoas têm sido muito egoístas e materialistas nestes tempos do fim. Diante de qualquer obstáculo, logo pensam em divórcio, em vez de lutar para manter o casamento. A maioria dos casais nem considera o sofrimento que pode causar nos filhos, tal é o grau de egoísmo.

A base do casamento deve ser restaurada no meio do povo de Deus: casamento é uma ALIANÇA de amor e fidelidade.

Nos tempos modernos, as pessoas têm perdido a noção de aliança. Deus sempre fez alianças, e Seu povo hebreu acredita profundamente na aliança que Ele instituiu.

O materialismo e a impessoalidade têm roubado o valor de um compromisso mútuo de fidelidade, em que ambas as partes deveriam se beneficiar um com o outro em amor. Às vezes, o amor verdadeiro é sacrificial, mas une duas pessoas num companheirismo fiel e gratificante.

Na modernidade, o compromisso é tido como algo ultrapassado, ou dos antigos, mas Deus é o mesmo ontem, hoje e sempre (Hebreus 13.8).

Na carta aos efésios, lemos que o casamento é um mistério, pois representa a final união de Cristo Jesus com a Igreja, a Noiva do Cordeiro. Fala sobre os papéis do marido e da esposa (Efésios 5.21-32). Deus planejou um relacionamento de amor em que o casal deveria desejar mutuamente o melhor para o seu cônjuge.

O divórcio tem se multiplicado, primeiro, porque o casamento não deve ter começado com a base correta; em segundo lugar, porque as pessoas não estão sendo criadas para enfrentar conflitos nem perseverar nas dificuldades para obtervitórias e conquistas. As pessoas da modernidade podem até ser *experts* em tecnologia, mas são muito frágeis nos valores morais, como honestidade, fidelidade, generosidade, bondade, perdão etc.

A criação frágil tem sido comum nas famílias modernas, mas Deus pode mudar esse cenário se a Igreja viver a Escritura Sagrada na íntegra, na medida do possível.

Romantismo perdido em casais

Assim como Deus ama a família, Ele também ama o romantismo no casal. Quantos casais estão sendo roubados de um convívio harmonioso, feliz e romântico devido às preocupações com a área financeira ou material?

Outros fatores têm roubado esse romantismo também pela insegurança dos cônjuges mal resolvidos antes de se casarem. O casamento não foi criado por Deus para resolver problemas ou para preencher "buracos" de insegurança da vida do passado e, muito menos, para solucionar as carências financeiras. A motivação do casamento deve ser sempre o amor e o desejo de formar uma família feliz.

Quando o casamento acontece por motivações não criadas por Deus, os ajustes do casal são mais difíceis e a ausência do romantismo se faz evidente. A equivocada noção do apetite sexual tem distorcido o romantismo na maioria dos casos. É comum encontrarmos o conceito errado em que interpretam o prazer da libido como sendo sinal de amor ou paixão.

Do ponto de vista da Bíblia, em especial de Cântico dos Cânticos, o romance correto é um fruto de amor e delicadeza de alma. Em troca de uma vida prática e materialista sob a pressão de realizações rápidas de "custo-benefício", as pessoas estão bastante agressivas e priorizando a proatividade. Tantos têm perdido o equilíbrio entre o fazer e o sentir, e não têm desenvolvido a delicadeza da alma.

Deus não instituiu o casamento conflitante, mas de mútua colaboração, bem-estar, felicidade e harmonia no lar.

O livro "Cântico dos Cânticos" mostra como Ele criou o relacionamento ideal para um homem e uma mulher que se unem por amor (sugiro aqui meu livro *O resgate do romance*[2], um estudo minucioso desse livro do rei Salomão).

Uma das características do feminismo da modernidade é a "desmasculinização", um neologismo que representa a verdade

---

[2] HAYASHI, Sarah. **O resgate do romance**. São Paulo: Ágape, 2009.

atual. Com isso, algumas mulheres também têm perdido certas características femininas nestes tempos modernos; por exemplo, não são esposas afetuosas, ou donas de casa prendadas e cuidadosas nos detalhes, ou delicadas. Para as jovens da modernidade, a linguagem de amor do toque físico, de abraços e beijos, que seria mais normal para elas, tem sido substituída por palavras de afirmação, que é mais próprio da linguagem de amor dos homens.

Aliás, a delicadeza própria de uma mulher virtuosa, descrita em Provérbios 31, tem sido até motivo de repulsa em algumas mulheres modernas.

Graças a Deus, a Sua Palavra não passará, mesmo que os tempos modernos tentem mudá-la. Lembremos aqui o que disse Jesus Cristo: "O céu e a terra passarão, mas minhas palavras não hão de passar" (Mateus 24.35). A Palavra de Deus é a nossa esperança para as gerações vindouras. O Senhor sempre terá um povo remanescente que pregará e viverá as palavras bíblicas, até a segunda vinda de Jesus Cristo.

Capítulo 8

CONSELHOS QUE DEVEM SER PASSADOS DE GERAÇÃO A GERAÇÃO

A Bíblia é bem clara quanto aos papéis de cada membro da família. Deus ama a individualidade (não o individualismo), diversidade e unidade. Ele ama a família, as próximas gerações que vêm dela, e o fato de seus ancestrais passarem suas experiências adiante.

Inclusive, encontramos inúmeros relatos de gerações tementes ao Senhor que se atentaram em passar suas experiências e conhecimentos a respeito do Deus de Abraão, de Isaque e de Jacó. Vou deixar aqui apenas algumas passagens entre as muitas existentes ao longo da Bíblia que falam do legado que deixaremos para as gerações vindouras:

> Não me desampares, pois, ó Deus, até minha velhice e às cãs; até que eu tenha declarado à

presente geração a tua força e às vindouras o teu poder. (Salmos 71.18 – ARA)

O que ouvimos e aprendemos, o que nos contaram nossos pais, não o encobriremos aos seus filhos; contaremos à vindoura geração os louvores do Senhor, e o seu poder, e as maravilhas que fez. (Salmos 78.3-4 – ARA)

Mesmo que alguém não tenha se casado, como o apóstolo Paulo, pode ter filhos espirituais ou gerações vindouras a quem deixar um rico legado espiritual, como as duas epístolas a Timóteo. Vamos mencionar alguns conselhos de Paulo:

Ninguém despreze a tua mocidade, mas sê o exemplo dos fiéis, na palavra, no trato, no amor, no espírito, na fé, na pureza. (1 Timóteo 4.12)

> Não repreendas asperamente os anciãos, mas admoesta-os como a pais; aos jovens, como a irmãos; às mulheres idosas, como a mães; às moças, como a irmãs, com toda pureza. [...] Mas, se alguém não tem cuidado dos seus e principalmente dos da sua família, negou a fé e é pior do que o infiel. [...] Quero, pois, as que são moças se casem, gerem filhos, governem a casa [...] (1 Timóteo 5.1-14)

O melhor conselho ou direções que um conselheiro pode oferecer aos aconselhados que vêm em busca de ajuda é o amor de Deus e as palavras da Escritura Sagrada.

Podemos falhar nos cuidados dos aconselhados, mas o amor de Deus, dentro e através de nós, pode fazer a grande diferença. Como conselheiros, devemos continuar crescendo no conhecimento e no amor de Deus até o fim de nossas vidas.

Jamais teremos aprendido tudo; antes, não cessemos de estar prontos para aprender mais e ser transformados à semelhança do nosso Senhor Jesus Cristo, pelo Espírito Santo.

FIM

FIM

BIBLIOGRAFIA

CHAPMAN, Gary. **As cinco linguagens do amor**. São Paulo: Mundo Cristão, 2005.

COLLINS, Gary R. **Aconselhamento cristão**. São Paulo: Vida Nova, 2011.

DAKE, Finis Jennings. **Bíblia de estudo Dake**. Ed. Almeida Corrigida Clássica. Curitiba: Atos, 2014.

ELKIND, David, PHD. **Sem tempo para ser criança**. Porto Alegre: Artmed, 2001.

FERRIGNO, José Carlos. **Coeducação entre gerações**. São Paulo: Edições SESCSP, 2010.

HAYFORD, Jack W. **New spirit filled life Bible.** Tennessee (EUA): Thomas Nelson, 2002.

STRONG, James, S.T.D. LL. D. **Strong's comprehensive concordance of the Bible**. Iowa (EUA): World Bible Publishers, Inc., 1972.

THOMPSON, Frank Charles. **The Thompson Chain: reference Bible**. Indianápolis (EUA): B.B. Kirkbride Bible Co. Inc., 1982.

TOURNIER, Paul. **A listening ear.** Minneapolis (EUA): Augsburg Publishing House, 1987.

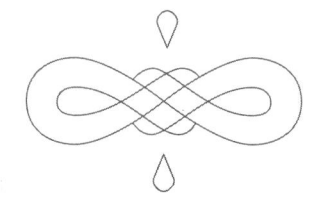

Este livro foi produzido em Adobe Garamond Pro 13 e
impresso pela Gráfica Promove sobre papel Pólen Soft 80g
para a Editora Quatro Ventos em novembro de 2020.